圖解中國史

—城市的故事—

米萊童書 著／繪

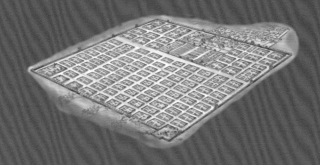

身邊的生活，折射文明的多樣旅程

　　小讀者們，如果你的面前有一個神奇的月光寶盒，可以帶你去歷史中的任何一個地點，你最想去哪裡呢？

　　中國有五千年的悠久歷史，在這歷史長河中，有太多的故事、英雄、創舉、科技值得我們回望與讚嘆。可是當月光寶盒發揮魔力的那個瞬間，你又如何決定自己究竟要去何時何地呢？

　　細心的孩子一定不會錯過歷史長河中與生活息息相關的精彩片段。沒錯，我們生活中的各種事物是連接過去與現在的媒介，它們看似再平凡不過，卻是我們感知外部世界的途徑。因為熟悉，當我們追根溯源時，才更能感受到時代變遷帶給我們每一個人的影響。

　　這一次，作者團隊邀請歷史學家、畫家們一起嘗試，打造身臨其境的場景，帶領我們走進歷史！作者團隊查閱了大量史學專著、出土文物、歷史圖片，以歷史為線索，同時照顧到了大家的閱讀興趣，在每一冊每一章，以我們身邊最常見的事物為切入點，透過大量歷史背景知識，講述文明發展的歷程。當然，知識只是歷史中的一個點，從點入手，作者團隊幫助我們延伸出更廣的面，用故事、情景、圖解、注釋的方式重新梳理了一遍，給大家呈現一個清晰的中國正史概念。

　　書中的千餘個知識點，就像在畫卷中修建起了一座歷史博物館，有趣的線索就像博物館的一扇扇門，小讀者們善於提問的好

奇心是打開它們的鑰匙,每翻一頁,都如同身臨其境。大家再也不必死記硬背,只需要進行一次閱讀的歷程,就可以按下月光寶盒的開關,穿越到過去的任何時間和地點,親身體驗古人的生活。我們藉由這種方式見證文明的變遷,這是一場多麼酷的旅行啊!

一個時代的登場,總是伴隨著另一個時代的黯然離去,然而看似渺小的身邊事物,卻可能閱歷千年。生活記錄著歷史一路走來的痕跡,更折射著文明的脈絡。在歷史這個華麗的舞臺上,生活是演員,是故事的書寫者,也是默默無聞的幕後英雄,令我們心生敬畏,也令我們心存謙卑。

我榮幸地向小讀者們推薦這套大型歷史科普讀物《圖解少年中國史》,讓我們從中國史的巨大框架出發,透過身邊的事物、嚴謹的考據、寫實的繪畫、細膩生動的語言,復盤遙遠的時代,還原真實的場景,了解中國歷史的發展與變遷。

現在,寶盒即將開啟,小讀者們,你們做好準備了嗎?

聯合國教科文組織
國際自然與文化遺產空間技術中心常務副主任、祕書長

洪天華

我們一起生活

6000多年前，生活在黃河流域的人們學會了種植農作物和馴養動物，人們不再四處遷徙，而是找到一處水源充足、適宜種植和畜牧的地方住下來。人們在小河邊建造房屋，在周圍開墾農田和牧場，靠種植和養殖以獲取食物，從此之後過上了定居的田園生活。

建造房屋

飼養家畜

種植蔬菜

保衛我們的村落

當有血緣的親戚氏族得知後，紛紛搬到居住點，這裡的房屋多了，人也多了，小小的居住點也變成了龐大的村落。雖然人們過上了舒適的生活，但仍然面臨外族和野獸的侵擾。為了保衛村落，人們開始挖壕溝，在出入口建崗哨，以抵禦外族和野獸的侵襲。後來，大型村落漸漸演變成早期城堡，帶有防禦性質的「環壕」也慢慢變成城牆和護城河。

悠遠的良渚王國

5000多年前，一位擁有至高權力的首領率領龐大的氏族來到今浙江余杭附近，在一處依山傍水的濕地停下腳步，開始修築王城。

宮殿建成後，人們又建了作坊、供人居住的房屋、祭祀的祭壇以及儲存糧食的倉庫。為了保護臣民，國王又命人在城周圍築了一圈又長又厚的城牆，並設置了九座城門。這座城內外水道縱橫相連，是座水城，人們主要靠乘船出行。在九座城門中，有八座是水城門。

築一座城

要築一座城，首先要精挑細選一處適合築城的地方。經過勘察，城址被定在三面環山的中心地帶。經過精心的規劃，人們決定先築宮殿。為了體現國王的權威，人們在城中有利的地形上堆築起了一座十幾公尺的高臺，並在上面蓋了一座高大的宮殿，國王只要一出門就能俯瞰整座城。

陸城門

城牆

人們在這座城裡生活了1000多年，為我們留下了影響深遠的良渚文明。2019年7月6日，中國良渚古城遺址被列入世界遺產名錄，成為舉世矚目的世界文化遺產。

在這座城裡，國王擁有至高無上的權力，貴族也有特權，而平民則負責生產。平民們的分工也很明確，有玉匠、木匠、陶匠、漆匠等工種，人們各自從事著自己擅長的事。

宮殿

國王 王后

水城門

良渚人的宮殿

良渚人在高臺上建造了巨大的宮殿建築。考古工作者發現，建築的地基約有900多平方公尺，建築用木有14～17公尺長。

交通工具

良渚文化遺址中的城市是座水城，城中水道密布。船是良渚人的主要交通工具。

祭壇

良渚人舉行祭祀活動的場所。

良渚人的城牆

良渚古城的城牆周長約6000公尺，最寬的地方約150公尺，最窄的約20公尺。聰明的良渚人充分利用自然地勢修建城牆，有時還將小山作為城牆的一段。良渚人甚至先在底部鋪上石塊，再從附近山上取黃色黏土堆築。這樣修築的城牆不僅堅固耐用，還能加固牆基，防止雨水侵蝕。

良渚人的社會結構

在這座城裡，人們分工明確。國王的權力最大，掌管著整個國家。貴族擁有特權，從不勞動。平民中除了從事農業生產的勞動者，還出現了手工業者，比如擅長蓋房子的木匠、心靈手巧的玉匠等。

國王

貴族

平民

意義深遠的玉

良渚人非常喜歡玉，國王和貴族都會用玉作裝飾。玉不僅是他們的裝飾品，也是一種禮器，象徵著權力和地位，祭祀活動也常會用到。

玉琮（ㄘㄨㄥˊ）

玉璧

玉鉞（ㄩㄝˋ）

玉鳥

像「金字塔」的建築

這是皇城臺，位於城內最安全的地方，是國王居住的地方，四面包砌著護坡石牆。遠遠看去，就像是座金字塔。

堅固的石頭城

4000多年前，黃土高原北部的氣候溫暖濕潤，雨水充沛，植被茂密。在這裡，人們依靠種植和畜牧獲取食物，過著男耕女織的田園生活。

建造堅固的家園

因外族的侵擾時有發生，幾個大型部落推選出最有智慧的首領，組成部落聯盟。為保護族人，人們就在領地上建了一座堅固的城，並將城分成三個部分，首領住在最安全的宮城，貴族和平民住在內城和外城。了不起的是，為了建造出更加堅固的家園，人們用堅硬的石頭作為建築材料，沿著山脊堆砌起高大的城牆；為了便於防守，人們建了很多帶有甕城的城門；為了利於觀察和攻擊敵人，人們還在部分城牆上建了角臺和馬面。堅固的石城建好後，人們終於不用擔心敵人的侵擾了。

內城東門

內城城牆

古城遺址的發現

1958年，文物工作者注意到了這座古城遺址，直到今天，經過考古工作者的努力，我們才揭開古城神祕面紗的一角，使人們認識了這座史前石城。這就是迄今為止我們發現的面積最大的古城遺址——石峁古城。

神祕的石雕

考古工作者在發掘陝西石峁遺址皇城臺的過程中，發現了幾十件精美的石雕，上面雕刻有神面、人面和神獸等內容。

這是角台

角臺是建在城牆轉角處的方形檯子，為了減少防禦死角而建。

角臺

馬面

　　馬面是凸出城牆的一種臺狀設施，也稱敵臺、墩臺，主要為了提高城牆的防禦能力。守在馬面上的士兵可從三面攻擊敵人，消除城下死角。

規律的壁畫

　　考古工作者在內甕城的牆體內發現了很多壁畫殘塊。壁畫多以白灰面為底色，用紅、黃、黑、綠四種顏色繪成幾何圖案。

結構複雜的外城門

　　考古工作者在石峁遺址外城發現了一座巨大的城門遺址。這座城門是外城東門，結構複雜，由內甕城、外甕城、南墩臺和北墩臺等設施組成，是中國目前所見最早的保存完好、設計精巧的城門遺跡，被譽為「華夏第一門」。

使者進貢

貿易商隊

11

夏朝

最早的國都

4000多年前，中國大地上分布著很多大大小小的部落族群，部落之間互相競爭，時常引起衝突。後來，小部落結成聯盟，組成大部落，形成了稱霸一方的「邦國」。邦國形成之後，衝突更加頻繁。強大的「邦國」逐個征服小「邦國」，最終形成廣域的王權國家。國家的首領也成為擁有最高權力的王。

夏王的宮殿

這座大宮殿很可能是夏王居住、處理公務和舉行會議的場所。

鑄銅作坊

人們在鑄銅作坊為國王鑄造各種青銅器。

綠松石作坊

夏朝的王和貴族非常喜歡漂亮的綠松石，就在宮城南邊設置了製作綠松石的作坊。能工巧匠們在這裡為夏王加工綠松石製品。

骨器作坊

夏朝人將骨頭加工成骨鏃、骨簪等器物的作坊。

夏朝的建立

夏朝是中國歷史上第一個朝代。據史料記載，大禹因治理黃河有功，繼承了舜禪讓的王位，建立了夏朝。大禹去世後，他的兒子啟破壞了賢能者即位的「禪讓制」，強行繼承王位，國家成為啟的私產。啟將王位傳給自己的後代，並世代相傳，開始了「家天下」。在古代，帝王居住的城市被稱為國都或王都，夏王居住的都城應該是整個國家最龐大的城市。夏朝的一位王在今天河南偃師附近修建了一座龐大的城市，作為國家的都城。

城的布局

　　這座都城規劃有序，都城中最重要的地方從北到南，依軸線排列。最北邊是祭祀區域，國家的一切祭祀活動都在這裡舉行；中央是築有圍牆的宮城，夏王在這裡居住和處理政務；宮城的南邊分別是綠松石作坊和鑄銅作坊，手工業者在這裡為國王製作玉器和青銅器。貴族們住在離宮城最近的地方，平民住在普通居住區。為了方便出行，夏王在宮城四周修築了四條相交的大道，組成「井」字形的城市交通網。這座都城就位於今天的二里頭遺址。學者們認為，這是夏朝的都城，此後的歷代夏王都在這裡治理國家和臣民，一直到夏朝滅亡。

祭祀區

　　國家舉行祭祀活動的地方。

古老的車轍痕跡

　　考古工作者在這裡發現了中國最早的雙輪車轍，證明距今約3700年前，中國就出現了雙輪車。

城南的貴族墓

　　這是埋葬王室或貴族的墓地。在墓葬中出土了很多玉器、青銅器和綠松石等珍貴文物。

農田

綠松石龍形器

　　考古工作者在清理一座墓葬時，發現了一件綠色的巨龍。這件器物就是由多片綠松石拼成的龍形器。

可愛的骨猴

　　二里頭遺址墓葬中出土了一隻用動物骨頭微雕而成的骨猴。它身高2.2公分，最寬處不足1公分，要用放大鏡才能觀察到它的細節。

嵌松石獸面紋銅牌飾

　　這件珍貴的器物造型精美，加工精巧，主體框架由青銅鑄成，再用數百片綠松石拼合鑲嵌出獸面紋，出土於高等級貴族墓葬。

這個都城沒城牆

商朝

夏桀是夏朝的最後一位君主，他暴虐無道，引起了民眾的不滿。商族首領湯看準時機，聯合其他部落一舉滅了夏朝。滅夏之後，商湯在一個叫亳（ㄅㄛ˙）的地方建立商朝。商湯成為商朝第一位王，亳也成為商朝第一個都城。

遷都到殷

此後的300年間，王位紛爭不斷，都城又常發生水患，因此商朝頻繁遷都。商朝第20位君主盤庚即位後，為了徹底根除紛爭、躲避水患，將都城遷到了黃河以北的殷（今安陽）。從盤庚遷都到商朝滅亡，殷一直是商朝的都城，時間長達273年。

沒有城牆的城

殷成為商都後，商王將洹河南岸設為城市的中心，在這裡建起了龐大的王宮。王宮裡有數處宮殿建築群，分為三個區域：北區是商王居住的地方；中區規模最大，是商王處理朝政的地方；南區是國家祭祀的地方。為了保護宮城，商王在西邊和南邊各挖了一條壕溝，這樣就能與東、北兩邊的洹河組成防衛屏障。商王的宮城和周圍的民居、手工業作坊、墓葬群組成了龐大的都城。奇怪的是，遺址四周沒有發現城牆。有學者認為，商朝是當時最大的國家，特別是武丁即位後，商朝達到了鼎盛，軍事實力強大，都城周圍居住的又都是商王的「親朋好友」，商王認為沒有必要築城牆。也有學者認為商都的城牆是受到了大自然和人為的破壞，因此沒有找到。你認為呢？

壕溝

好大好重的后母戊鼎

商朝的手工業發展迅速，青銅鑄造的技術比夏朝更先進，殷墟發現的鑄造作坊的面積就達1萬多平方公尺。商朝不但能鑄造出種類繁多、帶有各種紋飾的青銅器，還能鑄造出特別巨大的青銅器。1939年，殷墟出土了后母戊鼎，它高133公分，長110公分，寬78公分，重832.84公斤，是迄今為止中國出土的最大、最重的青銅器。

居住區

辦公區

墓葬區

祭祀區

刻在骨頭上的文字

商朝人將占卜的結果刻在龜甲或獸骨上，用於紀錄和保存，上面所刻的就是中國最早成體系的文字——甲骨文。

婦好和婦姘（ㄐㄧㄥˋ）

武丁時期，商朝出現了兩位特別的女子，她們都是武丁的王后。其中一位叫做婦好，她曾領兵上萬，多次征伐外族，是位能征善戰的女將軍，也是中國歷史上最著名的一位女將軍。

另一位王后叫婦姘，是位擅長種植農作物的農業專家。婦姘特別擅長種黍（ㄕㄨˇ），同時也擅長祭祀，還曾領兵出征，是位才能出眾的王后。

城的變更

紂是商朝的最後一位君主，同夏桀一樣，紂也是位暴君。失去民心的商紂王最終被周武王取代。武王建立周朝後，定都豐鎬。豐鎬其實是兩座城，建於灃河兩岸，豐京在河西，鎬京在河東。

在洛陽建新城

武王去世不久，他最擔心的叛亂還是發生了。武王的三個兄弟聯合武庚和其他諸侯發動叛亂。不過，這場叛亂很快便被周公旦平定了。為了防止殷人再次反叛，周公旦便在洛陽建新城，將殷人遷到這裡，並在此駐守軍隊，這座城就是「成周」（洛邑）。成周建成後，周王把象徵權力的九鼎遷到了這裡。西元前771年，豐鎬被犬戎攻破，周幽王被殺，自此西周滅亡。西元前770年，繼承王位的周平王不得不把國都遷至洛邑，從此，中國歷史進入東周時期。

分封諸侯國

定都之後，武王便開始封賞功臣，將國土分給他們，讓他們建城池，以保衛周王室。他先把最重要的區域分給有血緣關係的親人，其餘分給異姓功臣。據說武王一共封了800多個諸侯國，其中就有紂王的兒子武庚，他被封在了殷。武王希望他能安分守己，管理好殷民。為防備武庚叛亂，武王將三位兄弟封在了殷的周圍。

建城池的規矩

在周朝，建城池要符合當時的建城布局和規範。據《周禮・考工記》記載，都城的每邊要長九里，各留出三座城門。城中還要有三條東西向和南北向的主幹道，每條幹道要有三條車道。都城的中央是王宮，王宮前邊是朝堂，左邊是祖廟，右邊是社稷壇，後面是市場。後世建都城，大多沿用了旁三門、宮城居中、左祖右社的布局。

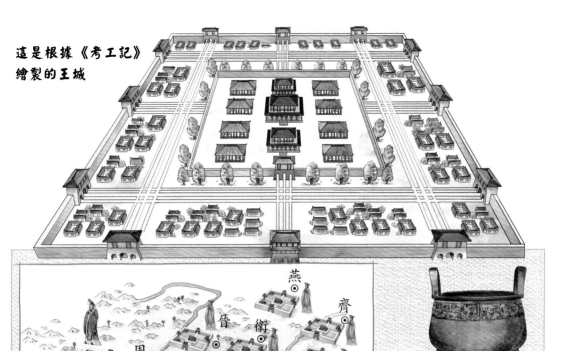

這是根據《考工記》繪製的王城

分封制

商朝建立起分封諸侯的制度。西周建立後,疆土要比商朝大很多。為了控制疆土,周朝大規模分封諸侯,並要求諸侯國要世代服從天子的命令,定期進行朝貢,同時負起保護周王室安全的責任。

九鼎

相傳,九鼎是夏朝的建立者大禹所鑄。大禹將天下劃為九州並鑄九鼎,後來九鼎成為王權的象徵。周公旦營建洛邑時,將九鼎遷到城中。

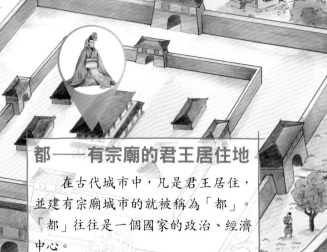

都——有宗廟的君王居住地

在古代城市中，凡是君王居住，並建有宗廟城市的就被稱為「都」。「都」往往是一個國家的政治、經濟中心。

郭——「造郭以守民」

君王為了保護城外的百姓，在城外修建了一圈帶有防禦性的城牆，這部分就是郭。郭比城大，大部分人都住在這裡。城比郭小，大多位於郭內，其中居住著君王和貴族們。

城市的古代稱呼

周朝時，古人對城市的叫法並不統一，有邑、都、城、郭、國、市等。這些名字都是什麼意思？又有什麼不同呢？

城——築「城」以衛君

城裡住著擁有國家的君王，為了保護君王的安全才要築城。宮城外圍一般會有城牆、壕溝等防禦建築。

國人

指生活在城、邑裡的平民。國人有服務君王、受教育和參政的權利。如果君王要徵召兵丁，國人還要應召入伍，成為士兵，為君王出力。

國

在甲骨文裡，國的本字是由「口」和「戈」組成的。口指的是國土，也指城；戈指手執兵器保衛國土。因此，商周時的國字主要指都城。

野人

指生活在城、邑以外，依靠耕種為生的農民。他們除了耕種自己的農田，還要負責耕種貴族的公田。

市

人們交易商品的地方叫市，大部分邑中都有市。後來，城裡也有了專門的交易市場，因此，人們就把城和市合稱為城市。

大邑

供人交易的市

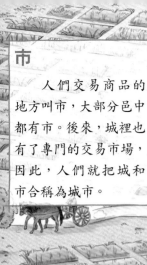

邑

指人們聚集居住的居民點。有奴隸主居住的為大邑，郊外的小村落為小邑。小邑中有十戶人家，被稱為「十室之邑」。一邑需耕種一千畝地。因此，奴隸主擁有的邑越多，說明他的領地越大，也越富有。

奴隸主

小邑

井田制度

井田是商周時期的土地制度。土地上道路和管道縱橫交錯，把土地分隔成方塊，形狀像「井」字，因此稱作「井田」。國家所有土地歸周王所有，周王把大部分土地分配給眾多諸侯，諸侯分配給卿大夫等各級領主，各級領主分配給庶民使用。井字中間的為公田，收穫的糧食歸公；四周的為私田，收穫的糧食歸耕種者。

繁華的臨淄城

西周時，諸侯如果想築城池，需要完全遵守周王定下的規矩，城池的面積、城牆的高度和長度不得超過周王的王城。但到了春秋戰國時期，諸侯們已經不在乎周王的規矩了，為了提升城池的防禦能力，他們把城築得又高又大。

百姓的生活

臨淄城內商業和手工業繁榮，人口眾多。據說臨淄城有7萬多戶人家，生活著35萬人，如果發生戰爭，能隨時召集21萬兵卒。據史書記載，臨淄的居民非常富有，生活豐富多彩，百姓們喜歡音樂，閒時也會玩些鬥雞賽狗、下棋踢球的遊戲。

摩肩接踵

臨淄城的街道非常擁擠，行駛在街道上的車子會發生車軸相撞的情況。街道上的人多到肩膀互相碰撞，如果大家一起揮灑汗水的話，就會像下雨一樣。

臨淄城的格局

臨淄是齊國的都城，是戰國時期規模最大、最繁華的城市之一。臨淄城是個雙子城，分為大城和小城。大城是貴族和平民居住的地方；小城位於大城的西南角，是國君居住的地方。為了防禦敵人，齊王不僅將城牆修得又高又大，還在城牆外開挖壕溝，與河流一起形成城壕。齊國人還在築城時建了全城的排水設施。每到雨天，雨水就會順水道流入城外，城內不會有積水。

賽狗

吹竽

蹴鞠

濫竽充數

　　這是一個發生在臨淄城的古老故事。竽是一種吹奏樂器。春秋戰國時期，竽在齊國非常流行，齊宣王非常喜歡聽竽的合奏。一位叫南郭的讀書人不懂吹竽卻謊稱自己擅長吹竽，並成了一名宮廷樂工。每當宮廷合奏時，南郭先生就混在其中，搖頭晃腦，假裝賣力吹竽。齊宣王死後，齊湣（ㄇㄧㄣˇ）王繼位，他喜歡聽竽獨奏，便要求樂工一個一個地吹給他聽。南郭先生聽說後，心知再也不能蒙混過關了，於是悄悄逃出了宮廷。

六博

　　又叫陸博，是一種古老的棋類博戲，春秋時期就已經存在了。據記載，六博在臨淄城內非常流行。

蹴（ㄘㄨˋ）鞠（ㄐㄩˊ）

　　又叫蹋鞠，是中國古代的足球。「蹴」和「蹋」都是用腳踢的意思，「鞠」是指球，合起來就是踢足球。

鬥雞

陸博

歷經戰火的秦都咸陽

戰國後期，諸侯國互相兼併，頻繁的戰亂不僅給百姓帶來了痛苦，也給城市帶來了災難。特別是秦國的統一戰爭。秦國每滅一國就會摧毀一座都城。為了防止六國「死灰復燃」，秦國將諸侯國的貴族和財富統統遷往秦都咸陽，使得六國原來繁華的城市變得淒慘冷清。

摧毀六國宮殿

繁盛的咸陽

秦國國都咸陽在戰國時期就很龐大。秦始皇建立秦朝之後，咸陽城的商業和手工業非常繁盛，人口也隨之暴增。在這座巨大的都城中，最恢宏的房子是秦始皇的「家」。始皇帝不僅擁有先王遺留的龐大宮殿群，滅了六國之後，又相繼仿造了六國的宮殿。擁有眾多宮殿的秦始皇仍不知足，他徵調萬民建阿房宮。不過因為戰爭的關係，這項勞民傷財的工程被迫停止了。

火燒咸陽城

　　秦始皇死後不久，國內爆發起義，六國貴族也紛紛反秦。項羽和劉邦成為擊敗秦軍的主力。秦軍潰敗後，劉邦攻入咸陽，他下令封鎖國庫，關閉宮門，與百姓約法三章，等待項羽大軍到來。項羽帶領大軍進入咸陽，看到繁華的咸陽城，將秦皇宮中的府庫財寶搶掠一空，作為自己的戰利品。他還放火燒宮，大火延綿三百里，整整燒了三個月。整個咸陽城被燒成了廢墟，如今只為我們留下了厚厚的夯土臺。

末代秦皇子嬰

　　子嬰，秦朝的第三位皇帝，也是秦朝最後一位皇帝。趙高殺死秦二世後，想自立為帝，但群臣不支持他。於是他擁立子嬰即位，想繼續操控子嬰，以控制朝政，不想卻被子嬰誅殺。劉邦進入咸陽後，子嬰自縛投降，秦朝自此滅亡。子嬰僅僅在位46天。項羽率大軍進入咸陽後，處死了子嬰。

楚漢戰爭

　　劉邦與項羽都是秦末起義軍的領袖。滅秦後，項羽掠奪咸陽財寶，回到了江東老家，自稱西楚霸王，後又分封諸侯。劉邦被封為漢王。劉邦表面順從，私下卻暗度陳倉，攻入關中。項羽四處征戰，早已失去了民心。劉邦在蕭何、韓信、張良等人的幫助下，最終擊敗項羽。項羽最後逃至烏江，在烏江自刎，劉邦成為勝利者。西元前202年，劉邦建立漢朝。

歷經浩劫的城市

修建城池

劉邦建立西漢之後，命蕭何在秦咸陽城的基礎上興建都城。劉邦希望國家能長治久安，就為都城取名長安。劉邦也非常重視各郡、縣城市的建設，下令全國所有縣以上的行政區域都要築城池，一時間全國掀起築城高潮。西漢中期，全國縣以上的城市已經多達上千個。

遭到火燒的城市

　　西漢末年，起義四起，很多城市遭到了破壞。劉秀建立東漢後，把都城設在洛陽，長安成為陪都。東漢末年，黃巾起義爆發，整個國家都亂了套。黃巾起義失敗後，各地軍閥開始爭奪土地，瓜分財富。軍閥之間的戰爭，為城市帶來了滅頂之災，不少城市慘遭毀滅。西元190年，大軍閥董卓挾持漢獻帝西遷長安，臨走時放火燒毀了洛陽城。西元192年，董卓被殺後，他的部將起兵攻占長安，也放了一把火，在大火和戰爭的破壞下，長安淪為一座淒涼的荒城。

　　董卓是東漢末年的軍閥和權臣。他廢少帝，立漢獻帝並挾持號令，掌控東漢政權。董卓亂政，造成東漢末年軍閥割據，引發天下大亂。後來，王允挑撥呂布，用計除掉了董卓。

漢獻帝西遷

董卓

漢獻帝

重建與破壞

　　軍閥之間一次又一次的征戰，使人民流離失所。全國的城市都遭到不同程度的破壞，人們也無力建設新城。直到曹操、劉備、孫權建立政權，形成三國鼎立的局面，戰爭對城市的破壞才有所緩解。不過，中國很快又將進入另一個混亂的時期——魏晉南北朝。

郡縣制

　　春秋戰國時，部分諸侯國開始設縣、郡。秦始皇統一全國後推行郡縣制，全國分為三十六郡，郡下設縣。西漢建立後，延續了秦朝的郡縣制，縣由郡管理，郡由中央管理。東漢末年，朝廷又在郡之上設立州，形成了州、郡、縣三級制。

皇帝　郡守　縣令

如棋盤的長安城

隋唐時期，中國出現了兩座龐大的城市：長安和洛陽。長安城是隋文帝楊堅建的。楊堅建立隋朝後，原來的長安城已非常殘破，隋文帝決定在舊城東南方向築新城，並為新城起名大興城。除了建大興城，隋朝的皇帝也啟動了開鑿大運河、營建洛陽等重大工程，但過度消耗了國力，因此引發了起義。唐國公李淵趁勢攻占長安，隨後建立了唐朝。

長安城108里坊

唐朝建立後，將大興城在原有基礎上擴建了一番，並恢復了原來的名字——長安。長安城總面積80多平方公里，全城布局整齊劃一，由宮城、皇城、郭城三部分組成，郭城內有南北向街11條、東西向街14條。

縱橫的街道將城市分成了108個方塊，俯瞰下的長安城就像一個圍棋棋盤。郭城裡的方塊是「里坊」，大多是居民的住所，當時最熱鬧的東市和西市也在其中。大部分里坊內都有十字形的街道，被劃分成四個小區。為方便管理，坊的四周築有圍牆，面對街道設有坊門，只有坊門開啟，居民才能出入。

國際大都市長安

　　長安城規模宏大，不僅住著本地居民，還有來自全國各地的舉子、商人、文人墨客，以及來自外國的使者、客商、僧尼。人口最多時竟達百萬，是當時世界上最大的城市之一，也是最繁華的國際大都市之一。

里坊的宵禁

里坊是古代統治者在城市中規劃的封閉式居民區。隋唐時的長安城中有108個里坊，每個坊的四周築有圍牆，面對街道設有坊門。里坊管理非常嚴格，晚上實行宵禁。市和坊的大門早、晚定時開啟與關閉。晚上鼓聲響起就代表坊門即將關閉，居民需要趕緊回家，如滯留街上，被巡邏衛兵發現，就會遭到棍打的懲罰。當然，如果遇到生病、生產等急事，也是允許外出的。另外，每年的正月十五元宵節前後三天坊門不關，允許人們外出遊玩賞燈。

大雁塔

大雁塔位於長安城晉昌坊的慈恩寺內，由高僧玄奘主持修建。最初為五層，高十八丈。大雁塔是當時的遊覽勝地，文人墨客常在這裡舉行詩歌大賽，為後世留下了許多膾炙人口的詩句。新科進士們也都在大雁塔上題寫姓名，稱為「雁塔題名」。

小雁塔

　　小雁塔最早叫薦福寺塔，是因薦福寺而建的。薦福寺塔與大雁塔形似，但要小於大雁塔。後來人們就稱薦福寺塔為「小雁塔」。

長安城的浩劫

　　安史之亂時，長安城遭到了輕微破壞。西元880年，黃巢起義軍攻占長安，城內發生焚燒和搶掠，長安城遭到更嚴重的破壞。西元904年，朱溫挾持唐昭宗遷都洛陽，並強制居民遷居。長安城的宮殿和里坊被拆除，能用的建築材料一同運往洛陽，這座當時最大的城市就這樣成為一片廢墟。

雜劇

　　雜劇是宋朝各種滑稽表演、歌舞雜戲的總稱，後來慢慢形成完整的戲曲藝術。

舞蹈表演

　　舞蹈是瓦子裡最常見的節目，多為單人表演。《東京夢華錄》就記載了一種叫「舞旋」的舞蹈。

好玩的相撲

　　相撲在中國古代是類似摔跤的運動。據《東京夢華錄》記載，宋朝的宮廷和民間均有職業相撲手，南宋時甚至還出現了女相撲手。

雜技

　　雜技是驚險、刺激，具有高難度動作的表演節目。《東京夢華錄》中記載了很多宋朝的雜技名目，如踢瓶、燒煙火等。

宋朝

如果生活在宋朝的城市

　　北宋結束了五代十國的分裂，城市開始復甦，一些新的城市出現了。據記載，當時10萬人以上的城市就有40個，遠比唐朝來得多。宋朝的國都定在開封，當時叫做東京或汴京，是當時人口最多、最為繁華的城市。

不規則的東京城

　　東京城是個不規則的方城，全城有護城河和三重城牆，城內有120坊，住著100多萬人。與唐朝不同，北宋的城市更加繁華，商業非常發達。人們將居住區的坊門和坊牆全部拆除，居民們不再受限制，百姓不僅可以臨街開門，商人也可以臨街開店。就連宵禁也放寬了，城門不再按時關閉。酒館、茶館、飯館、藥店等隨處可見，一些地方還形成了繁華的商業街，不僅白天熙熙攘攘，晚上也是人聲鼎沸，非常熱鬧。

瓦子說書

說書是傳統曲藝中的說話類表演。說書人主要為客人講史、講故事、講小說等。

一定要看的傀儡

傀儡戲是古代用木偶表演的戲劇,具體是用絲線、木杖等方式操縱木偶來完成表演。《東京夢華錄》中就記載著杖頭傀儡、懸絲傀儡、藥發傀儡等名目。

宋朝人的娛樂

宋朝人的業餘生活豐富,除了逛街,人們也常去「瓦子勾欄」消磨時光。瓦子又稱「瓦舍」,是城市裡的藝人和戲班演出的地方。勾欄,是藝人們用欄杆或者用布圍起來的演出場地,就像今天的劇場。東京的瓦子很多,最大的瓦子中有大小「劇場」50多座,有的大劇場可以容納5000多人。瓦子裡最常見的表演有雜劇、雜技、傀儡戲、說書、相撲和歌舞等,內容十分豐富。

臨街的商店

望火樓

宋代的消防站

東京城的管理者為了應對城市的安全問題，在城市裡設立了很多「軍巡鋪」，就像今天的消防站和治安工作站。

古代的消防站

北宋的東京城裡人口眾多，但城市面積只有長安城的一半，城內房子一棟挨著一棟，為城市帶來了很多安全隱患。

宋代消防員怎麼工作呢？

宋朝時，在繁華的街道上，每隔400多公尺就有一座軍巡鋪，負責街道巡邏和消防。軍巡鋪配有消防員和滅火工具，站內建有望火樓，時刻觀察瞭望。如果城內發生火情，周邊的「消防員」會很快發現，並攜帶水桶、消防梯等特製的消防工具前去救援。著火點很快就能聚集大量消防人員，火災也會很快被撲滅。其實，早在後周世宗時，人們就認識到，只有嚴格的用火制度和防火意識才能防患於未然，因此當時制定了很多用火的管理辦法，比如晚上睡覺要熄滅火燭，家中祭祀用火時要提前報告，以免消防人員誤以為發生火情。

宋代的消防工具

古代的雲梯

雲梯是古代的多功能救援車，可用於攻城作戰和消防救援。雲梯由六輪車和折疊梯組成，梯子展開可以通往高處，方便救援困在高處的人，撲滅高處的火。

唧（ㄐㄧ）筒

　　古代的滅火工具之一，是一種用銅或竹子做成的套筒，上下伸縮可吸水和排水，用來澆滅高處的火源。據說唧筒能噴射20多公尺高，它的外表和功能都類似今天的消防水槍。

火鉤

　　用來鉤開著火處雜物的工具，防止火勢蔓延。

水袋

　　用牛、馬等牲畜的完整皮囊做成。平時裝滿水，使用時在出水口插入一根中空的長竹竿，一人扶竹竿，一人擠壓皮囊，水便從竹竿中噴射而出。擠壓力量越大，水噴射得越遠。

麻搭

　　用麻繩和長杆製成的滅火工具。使用時將麻繩打濕或沾上泥水，再不停地甩向著火點。

水囊

　　用豬、牛等動物的膀胱做成。平時裝滿水，起火時可將水囊丟向著火點。水囊撞破，裡面的水破囊而出，以澆滅火源。

城市中的學校

在古代，城市中大多設有專門的教育機構，負責教書育人，為皇帝選拔人才。特別是宋朝，更以「興文教，抑武事」為國策，要求在全國縣以上的城市設立學校。宋朝的學校大致分為官學和私學。官學是國家設立的教育機構，有中央官學和地方官學，以及中央設立的專科學校，如醫學、算學、書學、畫學和「律師學校」、「武術學校」等。

官學

中央官學分為國子學、太學、小學。國子學又叫國子監，是宋朝的最高學府，只招收七品以上官員家的學子；而太學只招收八品以下家庭或民間比較優秀的學子；小學則招收8歲至12歲的學童，官學中的小學名額有限，能夠入學的學童身分非富即貴。

此外，宋朝也有專門為皇親貴冑服務的學校。皇帝的兒子上學的地方叫做資善堂，皇親國戚子弟上學的地方叫做宗學。

小學

畫學　　　　　醫學　　　　武術學校

書院

科舉考試

　　科舉最早始於隋唐,是古代選拔官吏的制度。在宋朝,想要走上仕途,就要參加國家舉行的考試。宋初時考試時間不定,後來定為三年一考,而且要通過三級考試。第一級是州試,由地方舉行;第二級為省試,由禮部舉行;第三級叫殿試,由皇帝親自主持。殿試以後,考中的學子被稱為天子門生,直接由皇帝授官。

私人開設的學校

　　私學是古代私人開設的學校,有義學、私塾和書院。義學由北宋名臣范仲淹首創。他退休後用自己的積蓄設立義學,免費讓同族的孩子讀書。後來被各州縣效仿,紛紛募集資金,設立這種免費義學。私塾由一戶人家或幾戶人家聯合設立,或由私塾先生自己在家設立,一般只負責學童的啟蒙教育。書院多是由私人設立的教育機構,一般是學者們研究學問和講學的場所,最早出現於唐朝。宋朝時,書院數量越來越多,並出現了嶽麓(ㄌㄨˋ)書院、白鹿洞書院等著名的書院。

草原上的都城

契丹族是生活在中國北方的古老民族，唐末藩鎮割據時他們趁勢而起，於西元916年建立遼朝。契丹族世代逐水草而居，連皇帝、貴族也沒有固定的宮殿，只在行帳中辦公。隨著疆域的擴大，為了更好地治國，遼朝統治者開始學習漢文化，設立了道、州、縣，並決定在草原上建造都城。

上京

漢城

「日」字形的上京城

築都城卻並不簡單。契丹人大多以畜牧為生，並不會建屋，因此抓來漢人工匠，為他們建造都城。都城築好後，又在城南修了一圈城牆，最後形成了「日」字形的都城結構。

遼朝的佛塔

遼朝的皇帝推崇佛教，使佛教在中國北方又得到了發展，當時幾乎每個州縣都有寺院與佛塔。

四時捺(ㄋㄚˋ)鉢(ㄅㄛ)──移動的行營

四時指的是一年中的四季，捺鉢指的是遼朝皇帝的行營。雖然遼朝有五個京城，但皇帝並不常住京城，而是率領朝臣，隨四季變換巡行於各地的捺鉢之地，在捺鉢地舉行捕魚、打雁等傳統狩獵活動。皇帝也在捺鉢地處理國家大事，接見外國使臣。因此，遼朝的政治中心是隨著皇帝的行蹤而移動的。

五個京城並存

隨著遼朝疆域的不斷擴張，皇帝又陸續設立了東京（今遼寧遼陽）、南京（今北京）、中京（今內蒙古寧城）、西京（今山西大同）等四個京城。再加上之前興建的上京城（今內蒙古巴林古旗），遼朝同時就有五座京城。

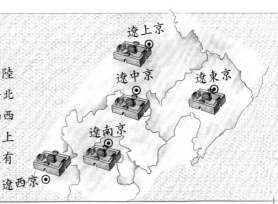

遼上京
遼中京
遼東京
遼南京
遼西京◎

看圖猜一猜，哪個是北面官？哪個是南面官？

著裝不同的契丹人

從事手工業的漢人

一城兩治

遼朝皇帝受漢文化的影響頗深，實行把契丹人和漢人分開管理的政策，讓他們都保留原有的習俗與制度。因此，上京被分成兩部分：北部為皇帝和契丹人居住；南部稱為漢城，居住著漢人和其他族人，他們從事冶鐵、紡織、製瓷等手工業，為統治者服務。管理城市的官員也被分為南北面官：北面官管理契丹人和國家重要部門；南面官主管農耕、漢人等事務。因此，他們的穿著也不一樣：北面官穿著契丹族傳統服飾；南面官頭戴烏紗，穿漢人的長袍。

山頂上的釣魚城

南宋時，為抵禦蒙古軍的入侵，管理四川軍務的彭大雅認為合川的釣魚山三面環水，山勢陡峻，是個築城的好地方。為了使城池更牢固，他要求所有的城牆都用石頭築。此後又經名將王堅、張珏等人多次修築，釣魚城已經成為規模宏大的防禦性城池，城中居住著數十萬軍民。

易守難攻的城池

　　1259年，蒙古大汗蒙哥率領幾十萬大軍圍攻釣魚城。雖然蒙古兵驍勇善戰，卻也無可奈何。原來，山頂上的釣魚城居高臨下，易守難攻。再加上城中遍布火炮，守城的軍民齊心協力，蒙古軍被抵擋在門外，只得派人去招降，結果被拒絕。據說，蒙古大汗蒙哥圍攻數月無果，失去耐心，親自指揮攻城。但沒料到，他剛剛站上指揮所的高臺，就被城內打來的飛石擊傷，不久便死在軍中。見大汗去世，蒙古軍急忙撤走。就這樣，堅固的釣魚城抵擋住了敵人的進攻，守護軍民長達36年之久，不僅減慢了蒙古大軍南下的步伐，更使蒙古大軍西征被迫中止。

自給自足的釣魚城

　　為什麼南宋的軍民在被重重圍困時還能堅守釣魚城呢？原來，城中有許多可以耕種的田地，為軍民提供了糧食。在蒙古軍到來之前，南宋軍民就已在城中儲備了大量糧食，打好了幾十口水井。山頂上還有許多天然形成的水塘，水塘中有肥美的魚蝦。因此，南宋軍民不用擔心吃喝問題，只需利用天險和堡壘堅守城池即可。

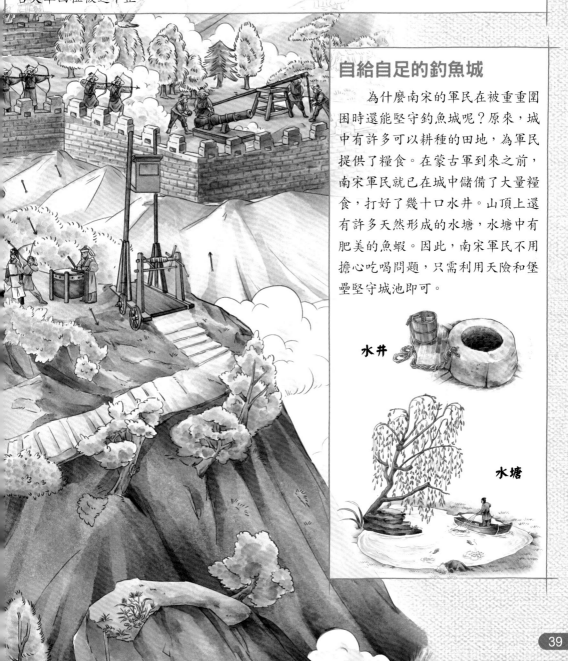

水井

水塘

街道排水溝

排水暗溝

解決城市的排水

蒙古大汗蒙哥在釣魚城之戰中去世，忽必烈繼承汗位，改國號為「大元」。忽必烈即位後，命劉秉忠等在金中都（今北京）附近規劃了一座城市。總設計師劉秉忠按照古人築城的傳統，為都城設計了三套方城，並在城市中設計了一條中軸線，這條中軸線就是今天北京城中軸線的一部分。這座城市就是元大都。元大都是世界上有名的大都會，來自各地的商人和商品匯集於此，元大都的人口一度超過50萬。

城市的排水

在中國古代的城市建設中，設計者都很重視城市的用水問題和排水問題。元朝時，北方雨水充沛，劉秉忠和弟子郭守敬設計了周密的排水設施，不論是民居還是宮殿，都有明溝或暗溝。廢水或雨水會透過排水溝排入胡同的排水網道，再由胡同的排水網道排入街道的排水溝，從街道的排水溝再排入城牆下的水關和排水洞，最後，城市的廢水與雨水均被排到城外。

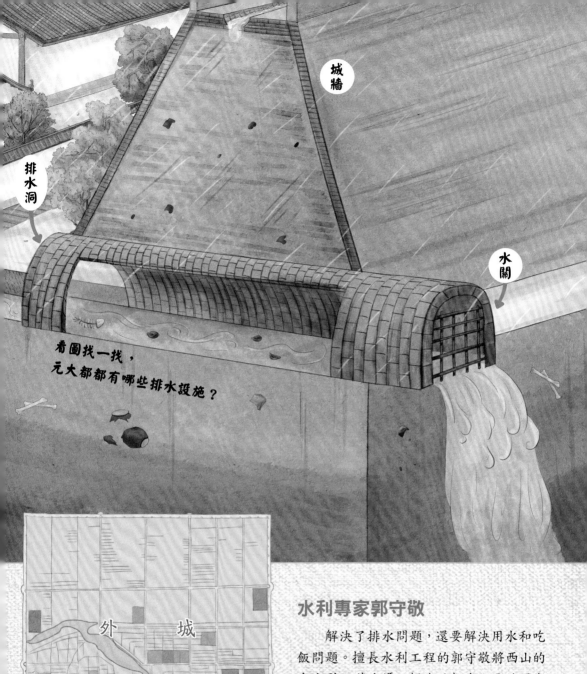

城牆

排水洞

水關

看圖找一找，
元大都都有哪些排水設施？

外城

皇城

宮城

元大都城址圖

水利專家郭守敬

　　解決了排水問題，還要解決用水和吃飯問題。擅長水利工程的郭守敬將西山的泉水引入積水潭，解決了都城人民的用水問題。之後，郭守敬又開鑿通惠河，連接大運河，這樣南方的糧食就可以透過運河源源不斷地運往都城，為都城人民解決了吃飯問題。

城牆高築的明朝

元朝末年，民變四起，朱元璋領導的起義軍不斷壯大，最終擊敗了元朝軍隊，取得了最後的勝利。有一個叫朱升的謀士提出「高築牆、廣積糧、緩稱王」的策略，被朱元璋採用，成為明朝立國的基礎。

朱升

城門

城門是人們進出城的通道，是古代城市防禦建築的一部分。

南京的城牆

1368年，朱元璋稱帝，應天府成為首都，改名南京。在營建南京城時，朱元璋始終不忘「高築牆」的策略，他將南京的城牆築得又高又長，動用20多萬民工，修了近30年。完工後的城牆全長30多公里，成為中國當時規模最大的城牆。

城樓

城門上的門樓叫做城樓，是古代城市的防禦建築。城樓不僅能觀察瞭望，也是守城將領的指揮所，士兵還可以居高臨下，向敵人射箭。

甕城

為了加強防衛，古人會在重要的城門內外加築甕城。甕城被設計成方形或半圓形的小城，半圓的小城形似陶甕，所以被稱為甕城。要進出城門必須經過甕城，這樣可以避免敵人直接進攻主城城門，從而延緩敵人的進攻速度。敵人進入狹小的甕城後，守軍可以居高臨下，向敵人射箭，這就是「甕中捉鱉」。

神奇的藏兵洞

南京的聚寶門是明初都城的正南門，也是規模最大的城門，不僅有三座甕城，城牆中還有27個藏兵洞，用於儲備軍需物資和埋伏士兵，可容納3000多人。

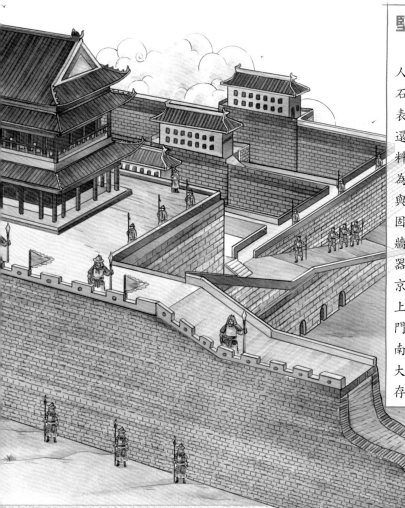

堅固的南京城牆

　　修築南京城牆時，人們先在城牆底部鋪巨石，再築夯土，最後在外表砌上幾層巨磚。人們還用糯米汁和石灰等材料混合成「三合土」，作為砌磚的黏合劑，使磚與磚之間黏合得更加牢固。這樣堅固無比的城牆，甚至能夠抵禦住火器的攻擊。築成後的南京城共有13座城門，城門上建有城樓，重要的城門還修築甕城。堅固的南京城防禦功能十分強大，部分城牆和城門保存至今。

夯土

城牆包磚

巨石牆基

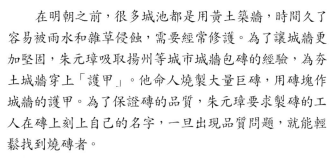

城牆的「護甲」

　　在明朝之前，很多城池都是用黃土築牆，時間久了容易被雨水和雜草侵蝕，需要經常修護。為了讓城牆更加堅固，朱元璋吸取揚州等城市城牆包磚的經驗，為夯土城牆穿上「護甲」。他命人燒製大量巨磚，用磚塊作城牆的護甲。為了保證磚的品質，朱元璋要求製磚的工人在磚上刻上自己的名字，一旦出現品質問題，就能輕鬆找到燒磚者。

明朝的北京城

1368年，明軍攻占元大都，元朝統治者棄城而逃，元朝隨之滅亡。明朝皇帝下令，將元大都城牆向南縮小五里，拆除大內的宮殿，將大都改稱北平，降為府級城市。1399年，鎮守北平的燕王朱棣發動「靖難之役」，成為明朝第三位皇帝。

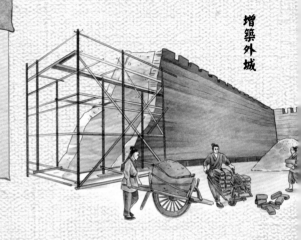

增築外城

營建北京城

成為皇帝的朱棣一心想遷都北平，但每當提起，總會有大臣反對。無奈的他只能偷偷命人採辦建築材料，徵調數十萬名工匠，參照南京的形制，營建他心目中的北京。北京城的設計者按照《周禮・考工記》中的布局原則，前後營建了十幾年。1421年，北京已經煥然一新，建成後的北京城比南京還要氣派，永樂皇帝迫不及待地遷都，北京城再次成為首都。

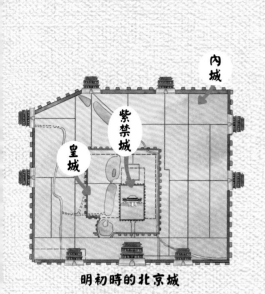

明初時的北京城

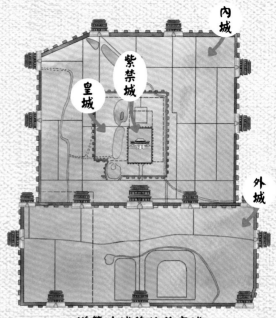

增築外城後的北京城

「凸」字形的都城

　　明清時的北京城由外城、內城、皇城和紫禁城（宮城）組成。除了外城，皇城和紫禁城都在內城中，一城套一城。皇帝的紫禁城被層層包圍，處在城市的最中央，而比內城大一號的外城則在內城的南邊，俯瞰整座北京城，就像一個「凸」字。為什麼會這樣呢？原來，明初的北京是座方城，但明朝嘉靖年間，蒙古俺答汗領軍劫掠北京城南的居民和商肆，皇帝十分恐慌。為了保護城南的居民和商肆，皇帝命人在內城之外再修築一圈城牆。城牆先從南邊修起，可剛修完南城就停工了。原來明朝國庫空虛，修牆的經費不足。沒辦法，只能暫停修築外城，草草地將南城與內城連接起來，就這樣形成了「凸」字形的都城。

北京中軸線

明 清

在「凸」字形的北京城裡，有一條筆直的中軸線，它是在元大都中軸線的基礎上修正的延長線，從外城永定門直至內城的鐘樓，貫穿南北。

最長的城市中軸線

這條城市中軸線全長約8公里，是世界上最長的城市中軸線。它將北京城分為東西兩半，京城的主要建築在這條中軸線上對稱分布，為人所熟知的永定門、正陽門、紫禁城、景山、鼓樓、鐘樓等建築，則整齊齊地排列在中軸線上。除此之外，設計者還在中軸線上布置了牌坊、華表、橋梁以及大大小小的廣場，最終才造就了雄偉壯麗的「北京深深」。

神武門

神武門是紫禁城的北門，最早叫玄武門，後因避諱康熙帝玄燁名諱改稱神武門。神武門還是紫禁城的報時中心；門內設有鐘鼓，由鑾儀衛官

中軸線上都有哪些建築呢？讓我們一起來認識一下吧！

鐘鼓樓

坐落於北京南北中軸線的最北端，是北京京城的報時中心。

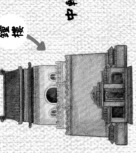

鐘樓

鼓樓

景山

景山原是元、明、清三朝的皇家御苑，是當時北京城中心的最高點。元朝時被稱為「青山」，明朝被稱為「萬歲山」，清朝至今被建稱為「景山」。相傳明朝修建紫禁城時，曾在景山堆放煤炭，因此民間稱之為「煤山」。明末時，崇禎皇帝自縊於煤山。清朝乾隆時期，皇帝在景山上建造了五座亭子。

坤寧宮

紫禁城內廷後三宮之一。明朝時是皇后的寢宮，清朝時成為皇帝舉行婚禮和祭神的場所。

乾清宮

紫禁城後朝三宮之一。明朝時，乾清宮作為皇帝的寢宮。清朝時，雍正皇帝搬到了養心殿居住，乾清宮成為皇帝召見大臣、批閱奏章、處理政務的多功能場所。

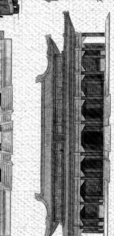

保和殿

紫禁城外朝三大殿之一。明朝時，這裡是皇帝舉行大典的更衣處。清朝時，這裡成為皇帝舉行宴請和殿試的地方。

交泰殿

紫禁城內廷後三宮之一，位於乾清宮和坤寧宮之間。清朝皇后生日、元旦、冬至三大節日時，在此接受王公百官的朝賀。

乾清門

乾清門是紫禁城內廷的正宮門，是連接內廷與外朝的重要通道。清朝時，此處也是皇帝和大臣們上早朝的地方。

中和殿

紫禁城外朝三大殿之一，是皇帝到大和殿參加大型慶典前休息和準備的地方。

太和殿

紫禁城外朝三大殿之一，是紫禁城中規模最大、等級最高的宮殿，俗稱「金鑾殿」，是明清兩朝皇帝舉行盛大典禮的地方，如皇帝即位、大婚、冊立皇后等都在此殿舉行。

太和門

紫禁城外朝宮殿的正門，也是紫禁城內最大的宮門。最早叫奉天門，後改稱皇極門；清朝時才改稱太和門。太和門在明朝時的清初是皇帝上早朝的地方。

午門

紫禁城的正門。午門的平面呈「凹」字形，有五個門洞，中間的門洞平時只有皇帝才能出入。大軍得勝歸來時，要在午門向皇帝敬獻戰俘。明朝時，皇帝處罰大臣的「廷杖」也在這裡進行。

內金水橋

俗稱於故宮內太和門廣場的金水河上，由五座並列單孔拱券式漢白玉石橋組成。

天安門

皇城的正門，最初叫「承天門」。清朝順治時期改稱天安門。新科進士覲見皇帝時，要在天安門前恭候，唱名的官員在城樓上依次唱名，新科進士才能進入皇城，親見皇帝。

48

正陽門

北京內城的正南門，最初叫麗正門，後改稱正陽門。正陽門由甕城、箭樓和城門組成，也是北京內城九門中唯一在箭樓開門洞的城門，但也只有皇帝才能走。

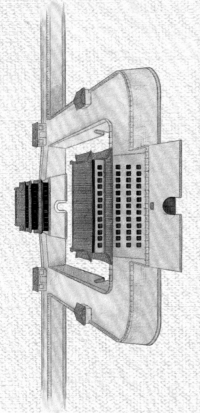

五牌樓

正陽門前原有一座正陽橋，正陽橋前有一座牌樓，被稱為「五牌樓」。

永定門

北京外城的正門，位於北京南北中軸線的最南端，是從南進入北京城的主要通道。永定門由箭樓、城門和甕城組成，也是北京外城城門中最大的一座。

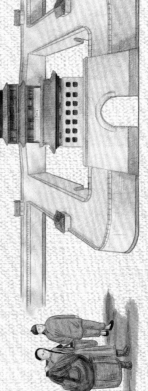

49

北京的城門

老北京有句俗語叫做「內九外七皇城四，九門八點一口鐘」，說的是北京城的城門。「內九」指內城的九座城門，分別是東直門、朝陽門、西直門、阜成門、德勝門、安定門、崇文門、正陽門、宣武門。「外七」指外城的七座城門，分別是東便門、西便門、廣渠門、廣安門、左安門、右安門、永定門。而「皇城四」是皇家專屬的活動區域，東西南北各有一門，分別是天安門、東安門、西安門、地安門。

德勝門——走兵車

古人認為，德勝門所處的方位有利於出兵征戰，「德勝」與「得勝」同音，比較吉利，因此出兵征戰要從德勝門通過。

西直門——走水車

清朝的皇帝喜歡喝玉泉山的泉水，每天命人從西北邊的玉泉山取水。而西直門處於內城的西北角，離玉泉山最近，也就成為專門走水車的城門。據說城門上還刻有水的波紋。

阜成門——走煤車

阜成門位於內城的最西邊，從門頭溝運煤的煤車都要經過此門，因此阜成門的門洞上刻了一枝梅花，「梅」與「煤」同音，表示這座城門走煤車。

宣武門——走囚車

清朝的刑場設在宣武門外的菜市口，離宣武門最近，被判死刑的囚犯被拉上囚車，從宣武門經過，到菜市口問斬。在宣武門城樓下，還有一塊刻著「後悔遲」的石碑，以警示人們不要犯罪。

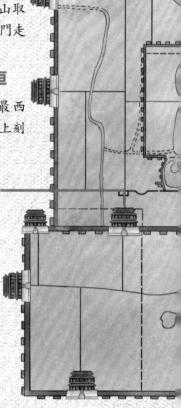

正陽門——走龍車

正陽門俗稱「前門」，處於中軸線上，是一座由箭樓、甕城和城樓組成的城門，也是九座門中唯一在箭樓開門洞的城門。不過，箭樓上的門洞只許龍車鳳輦出入，每年祭天時，皇帝就會乘坐龍車從中間穿過。

安定門——走糞車

據說，軍隊征戰歸來要走安定門，寓意著「安定」。另外，地壇附近是京城主要的糞場，京城內產生的糞便都要通過安定門運往糞場。

九門走九車

北京城的城門不僅發揮著抵禦外敵的作用，而且分工明確，各有各的用途。比如內城的九座城門，老北京話叫做「九門走九車」，每座門分管著不同的業務。

東直門——走木材車

過去的磚窯多設在東直門外，運送木材、磚瓦的車輛都要從東直門經過。實際上，東直門附近是當時有名的商業區，因此，此門不僅走運送木材、磚瓦的車輛，也有各種各樣的車從此經過。

朝陽門——走糧車

朝陽門位於內城的東邊。每到收穫的季節，送往京城的糧食透過水路運到通州，再從通州裝車運往京城的倉庫。而朝陽門離倉庫最近，因此，朝陽門的運糧車絡繹不絕，人們為此還在門洞內刻了一束穀穗。

崇文門——走酒車

崇文門俗稱「哈德門」，是京城的稅門，負責對進出城門的貨物徵收稅銀。因當時的美酒多從南路進京，崇文門又位於內城南邊，還成了專門運酒的通道。進京的酒車在此交完酒稅，才能進城賣酒。

九門八點一口鐘

點是一種金屬敲擊器，形狀扁平，敲擊時會發出清脆的響聲。鐘是古代報時的器具。在過去，每到規定的時間，北京的城門就要關閉，而在關閉之前，內城的八座城門打點，崇文門敲鐘，以此通知行人趕快通行。崇文門是京城的稅關，進出的人很多，人聲嘈雜，鐘的聲音要比點洪亮，因此，崇文門只敲鐘不打點。據說我們今天所說的「鐘點」就是由此而來的。

點

打點報時

都城裡的鐘鼓聲

在古代，幾乎每一座城市都少不了兩個建築，一個是鐘樓，一個是鼓樓。鐘樓、鼓樓是古代城市的報時中心，也是古代城市裡最重要的部門之一。人們藉由敲擊樓上的鐘、鼓來報時，早晨的時候敲鐘，傍晚的時候擊鼓，這就是我們通常所說的「晨鐘暮鼓」。

北京城的鐘鼓樓是元、明、清三朝都城的報時中心，鐘樓在北，鼓樓在南，排列在中軸線上，是城中最顯眼的建築。北京的鐘鼓樓多次毀於大火，數次重建。現存的鼓樓是明朝的建築，而鐘樓則是清朝的建築。

鐘鼓報時的安排

清初，每當太陽落山，進入一更時，北京城鐘鼓樓便開始報時，鼓聲和鐘聲相繼響起。二至四更只敲鐘，五更時鐘鼓齊鳴。到了乾隆時期，可能皇帝覺得每更報時會影響人們休息，於是只允許定更和亮更時報時。當時間進入一更，鼓樓的鼓聲響起，鐘聲緊接著響起，一前一後，按照「緊十八、慢十八，不緊不慢又十八」的節奏敲擊兩遍，共計108下。當鐘鼓響起後，城門關閉，人們也即將休息。到了五更，鼓聲和鐘聲再次響起，京城裡的大臣們早早地起床，準備參加皇帝的早朝，百姓們也即將起床，開始一天的勞作。這就是古代的「日出而作，日落而息」。

古鐘之王

北京城鐘樓中現存一口明朝鑄造的大銅鐘，高7.02公尺，直徑3.4公尺，重63噸，被稱為「古鐘之王」。

銅壺滴漏

銅壺滴漏又稱漏刻，是古代的計時工具，最早是受容器漏水現象啟發而發明的。這件多級漏刻由四個銅壺組成，使用時自上而下放置，水滴依次滴入壺中，最後滴入受水壺。受水壺中的水逐漸增加，壺中的木板托起木箭，木箭的頂端與銅表尺的刻度對照，這樣就可以知道當時的時間了。

鼓樓

北京城鼓樓中有更鼓二十五面，其中大鼓一面，小鼓二十四面。據說，大鼓代表一年，小鼓代表一年中的二十四個節氣。

五更

古時，人們把一晝夜分為十二個時段，稱為十二時辰，每個時辰等於今天的兩個小時。一夜又分為五個時段，叫做五更。一更被稱為黃昏，這時太陽已經落山，即將進入黑夜；二更被稱為人定，這時夜色已深，人們即將安歇睡眠；三更被稱為夜半，是夜晚最黑暗的時間；四更被稱為雞鳴，天色慢慢變亮，公雞即將打鳴；五更被稱為平旦，天慢慢變亮，太陽即將升起。

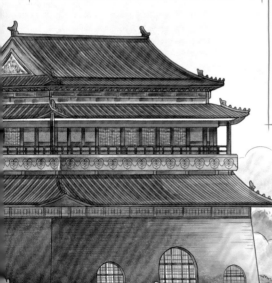

北京城中的祭祀

　　原始社會，人們認為世上有很多神，天有天神，地有地神，就連凶猛的老虎也是山神。人們因為恐懼而對神產生崇拜和敬畏，經常用牲畜祭祀各路神靈。進入封建社會後，出於統治的需要，皇家將祭祀作為國家頭等大事，祭祀範圍越來越大，除了祭祀天地日月，還會祭祀對國家、人民做出貢獻的祖先。為了方便祭祀，就把祭祀的場地設在城市的重要位置。一般來說，只要有城市就一定會設立祭壇。

山神天要吃我！

太廟和社稷壇

　　明清時期，北京的祭祀場所有很多。早在營建北京城時，設計者就已按照「左祖右社」的原則，在宮殿左前方設立太廟，在右前方設立社稷壇。太廟是皇帝祭奠祖先的祖廟，社稷壇是祭祀土地神和穀物神的祭壇。

隆重的祭天

　　在各種祭祀活動中，祭天是最為隆重的，無論皇帝或大臣們都要參與。北京天壇建於永樂十八年（1420年），位於正陽門東南。在清朝，每年冬至是皇帝祭天的日子。這一天，皇帝會率領群臣來到天壇，在圜（ㄩㄢˊ）丘壇舉行祭天大禮，皇帝以天子的身分向上天匯報自己一年當中的工作。祭祀時，皇帝率領文武百官不斷向上天跪拜行禮，同時，還會演奏音樂、表演舞蹈。

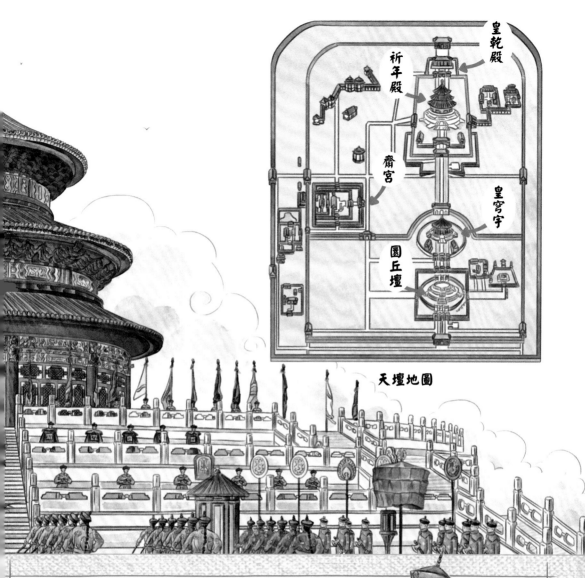

皇乾殿

祈年殿

皇穹宇

齋宮

圜丘壇

天壇地圖

美好的祈願

　　除了祭天，皇帝也會在天壇舉行祈穀和祈雨活動。這裡有座祈年殿，就是專為祈穀和祈雨修建的。每年的正月，皇帝要在祈年殿舉行祈穀活動，祈禱一年裡天下太平、五穀豐登。到了夏天，皇帝還會在這裡舉行祈雨活動，希望一年裡風調雨順。

　　另外，北京還有祭祀大地的地壇，祭祀太陽的日壇，祭祀月亮的月壇，以及先農壇、先蠶壇等。每年都要定時舉行祭祀活動。

皇帝祭祀

三堂

知縣日常辦公的地方，也是審理涉及機密、隱私案件的地方。

內宅

知縣和家眷居住的地方。

二堂

知縣預審大案、要案，調節、審理一般案件的地方。

縣衙的布局

縣衙一般是縣城中最大的建築群，坐北朝南，中軸線上對稱排列著大門、大堂、二堂和三堂等主要建築。中軸線兩側是官吏、衙役的辦公室及關押犯人的監獄。三堂兩側是縣官的內宅，他和家人居住在這裡。

管理城市的人們

清朝

古時候，每一座城市都有管理者，比如清朝時的北京城，權力最大的管理者是皇帝。他為了統治國家，任用了很多官吏，為他管理全國的各項事務。這些官吏的辦公室被安排在了全國各地。清朝時，全國共有18個省，省下的行政機構又有道、府、州、縣，每個行政級別都有各自的衙署。

知縣

縣級行政單位的主要負責人，管理縣一級的各種事務，清朝時的知縣多為正七品。

一個縣衙是怎麼運作的呢？我們一起來了解一下吧。

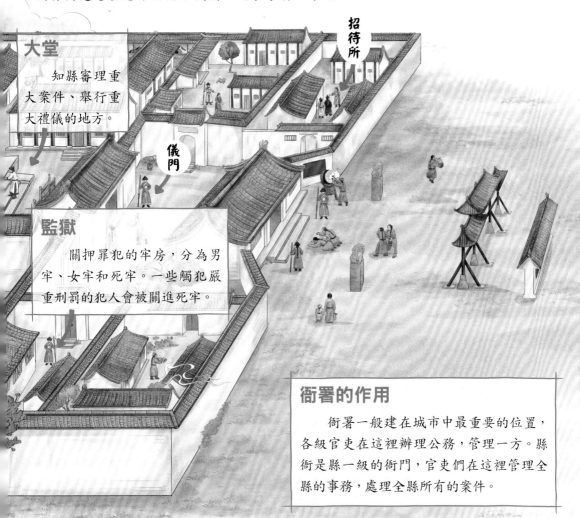

大堂

知縣審理重大案件、舉行重大禮儀的地方。

監獄

關押罪犯的牢房，分為男牢、女牢和死牢。一些觸犯嚴重刑罰的犯人會被關進死牢。

儀門

招待所

衙署的作用

衙署一般建在城市中最重要的位置，各級官吏在這裡辦理公務，管理一方。縣衙是縣一級的衙門，官吏們在這裡管理全縣的事務，處理全縣所有的案件。

衙役

我們在戲曲中常聽到「三班衙役」的說法，這三班分別是「皂班」、「快班」、「壯班」。皂班是負責開道護衛，審判時站在大堂兩側維護紀律等的衙役。快班是城裡的捕快，負責傳喚被告和證人、偵破案件、緝捕嫌犯等。壯班類似民兵，負責看護衙門、倉庫和監獄等重要部門，也負責緝拿盜賊，上街巡邏。

皂班　　　快班　　　壯班

專題

運河帶來的城市繁榮

古時候，人們總是沿河而居，城市也多修建在距離河流較近的地方，方便人們用水，也方便人們運輸貨物和交換商品。但有時距離河流太近也並非好事，河流改道和洪水侵襲隨時會摧毀城市，給人們帶來災難。不過河流改道的同時也會帶來新的生機，產生新的城市。

雷峰塔

蘇州園林

覓渡橋

吳王夫差

蘇州

蘇州是座歷史文化名城，京杭大運河穿城而過。明清時期，蘇州成為繁華的商業城市，絲織業興盛，來自世界各地的客商都到這裡採購絲綢。同時，蘇州也是園林、橋梁眾多的城市。蘇州有一種叫做「金磚」的特產。金磚並不是黃金製成的，而是用泥土燒製而成的磚，是專供皇家宮殿鋪設地面的方磚。

杭州

杭州是京杭大運河最南端的城市，地處錢塘江入海口，最早是五代十國時期吳越國和南宋的都城。明清時，杭州城內的商業和手工業十分興盛。其中絲織業最為發達，有的絲織工廠擁有一千台織機，工人有三四千人。杭州是當時三大絲織業中心之一。

御客

兩淮鹽運使司

鹽

採購絲綢

金磚

那麼，我們一起來看一下，京杭大運河讓哪些城市欣欣向榮呢？

開鑿大運河

　　中國的江河大部分是自西向東流，東西方向河運較為方便，而南北方向河運就要繞來繞去。為了方便南北河運，人們想到了開鑿人工運河。隋朝時，隋煬帝開鑿、疏通了溝通南北水系的人字形大運河。這條大運河就是今天的京杭大運河，是元、明、清三朝的經濟大動脈。它不僅方便了漕運，也興盛了兩岸的城市，一些處於河流交匯處的城市還成了商業繁華的大都市。

揚州

　　揚州是一座與大運河同齡的城市，春秋時期，吳王夫差在這裡開鑿邗溝，修築邗城。隋煬帝開通大運河，使揚州成為運河上的交通樞紐。唐朝時，揚州成為對外貿易口岸，來自世界各國的海船可以直達揚州城。

當時著名的鑒真和尚就曾從這裡出發，東渡至日本。明清時，揚州則成為繁華富庶的城市，不僅是江南糧食和絲綢的集散地，更是淮鹽產銷基地，朝廷為此還專門設立了衙門來管理鹽業。

淮安漕運總督府

開鑿邗溝

船舶停靠

鑒真

淮安菜

淮安

　　淮安是京杭大運河的中心樞紐。明清時，淮安成為大運河漕運的指揮中心，管理漕運的衙門就設在這裡。南北來往的船舶到淮安後一律停泊，接受盤查。隨船的官吏、商人和水手暫時上岸，在這裡購買貨物，短暫休息，從而促進了淮安城的商業繁榮。

德州

　　德州位於山東省西北部，處於水陸交通的要衝，是一座因運河而建的城市。宋元時期，德州曾是存儲漕糧的地方。到了明清時期，德州修築了糧倉和衛所，存儲著山東、河南等地運來的糧食。因德州地理位置特殊，它還是南北水路交通樞紐，南來北往的船隻都要經過這裡。

天津

　　元朝時，天津被稱為海津鎮，是漕糧的轉運中心。明朝時，朱棣從這裡南渡爭奪皇位。成為皇帝後，朱棣命人在這裡築城，因是天子經過的渡口，於是改稱天津。當時，天津是海運和河運的必經之路。到了清朝，天津成為重要的漕糧轉運基地和北方鹽業中心，更是北方著名的商業城市。

天后宮

陸路運輸

水路運輸

糧倉

北京

　　北京是歷史悠久的古都，位於京杭大運河的最北端，元朝建立後定都於此，稱為大都。貫通了京杭大運河後，大都城內的積水潭曾作為元朝的漕運終點。明朝永樂皇帝營建北京時，來自全國各地的建築材料都透過大運河運往北京，因此有人說北京城是「水上漂來」的。大運河還是元、明、清三朝的南北大動脈，南方的糧食和物資藉由大運河運往北京，為北京城的繁榮做出了巨大貢獻。

仔細看圖，尋找每一座城市的古代標籤，看看你都猜對了嗎？

紫禁城

皇帝

碼頭

天子渡津

郭守敬

進京赴考

京劇

米萊童書

　　米萊童書是由多位資深童書編輯、插畫家組成的原創童書研發平臺，該團隊曾多次獲得「中國好書」、「桂冠童書」、「出版原動力」等大獎，是中國新聞出版業科技與標準重點實驗室（跨領域綜合方向）公布的「中國青少年科普內容研發與推廣基地」。致力於在傳統童書的基礎上，對閱讀產品進行內容與形式的升級迭代，開發一流的原創童書作品，使其更加符合青少年的閱讀需求與學習需求。

原創團隊

策劃人：劉潤東、王丹

創作編輯：劉彥朋

繪畫組：石子兒、楊靜、翁衛、徐燁

美術設計：劉雅寧、張立佳、孔繁國

國家圖書館出版品預行編目資料

圖解中國史—城市的故事—／米萊
童書著. – 初版. – 臺北市：臺灣東
販股份有限公司, 2022.05-
64面；17×23.5公分
ISBN 978-626-329-221-5（精裝）

1.CST：中國史 2.CST：通俗史話

610.9   111004624

圖解中國史
—城市的故事—

2022年5月1日初版第一刷發行

著、繪者　米萊童書
主　　編　陳其衍
美術編輯　竇元玉
發 行 人　南部裕
發 行 所　台灣東販股份有限公司
　　　　　＜地址＞台北市南京東路4段130號2F-1
　　　　　＜電話＞(02)2577-8878
　　　　　＜傳真＞(02)2577-8896
　　　　　＜網址＞www.tohan.com.tw
郵撥帳號　1405049-4
法律顧問　蕭雄淋律師
總 經 銷　聯合發行股份有限公司
　　　　　＜電話＞(02)2917-8022